Glückseligkeit
108 Zitate
von Amma

108 Zitate von Amma über die Glückseligkeit

Veröffentlicht von:
   Mata Amritanandamayi Center
   P.O. Box 613
   San Ramon, CA 94583
   Vereinigte Staaten

Copyright © 2016 Mata Amritanandamayi Mission Trust
Amritapuri, Kollam Dt., Kerala, Indien 690546

Alle Rechte vorbehalten. Kein Teil dieses Buches darf ohne schriftliche Erlaubnis des Herausgebers reproduziert, in einem Datenspeichersystem gespeichert oder auf irgendeine Weise wiedergegeben werden oder in eine andere Sprache übersetzt werden.

International: www.amma.org
   inform@amritapuri.org
In Deutschland: www.amma.de
In der Schweiz: www.amma-schweiz.ch

Im vorliegenden Buch möchten wir so nahe wie möglich an den ursprünglichen spirituellen Lehren bleiben. Dafür wird, sofern möglich, eine sprachlich etablierte geschlechtsneutrale Formulierung genutzt. Wo dies nicht der Fall ist, wird zur besseren Verständlichkeit das generische Maskulinum verwendet. Auch in diesem Fall sind jedoch Personen mit allen, inkl. non-binären, Geschlechtsidentitäten immer ausdrücklich mitgemeint und angesprochen.

1

Kinder, wir sind das Licht Gottes, das ewig freie, grenzenlos glückselige Selbst (Atman). Bewegt euch mit Unschuld, arbeitet mit Einsatz, vertraut auf euren Weg und ihr werdet die Glückseligkeit des Selbst in euch entdecken.

2

Das Göttliche ist in jedem Menschen, in allen Wesen, in allen Formen der Existenz vorhanden. Gott ist wie der Raum allgegenwärtig, allmächtig und allwissend. Er ist das Lebensprinzip, das innere Licht des Bewusstseins und die reine Glückseligkeit. Er ist dein ureigenes Selbst. Das Geheimnis der Glückseligkeit offenbart sich, wenn du über die Natur des Selbst reflektierst. Sobald die Wellen im Mind abklingen, erkennst du, dass alles, was du suchst, bereits in dir ist.

3

Sobald du inspiriert bist und die Zeit hast, setze dich in Abgeschiedenheit hin und versuche, alles als reines Licht, als Bewusstsein, als Glückseligkeit wahrzunehmen.

4

Für spirituell Suchende ist es hilfreich, eine Weile den Himmel zu betrachten. Betrachte die Weite des Himmels und versuche, mit dieser formlosen Unendlichkeit zu verschmelzen, wo nur ungeteilte Glückseligkeit existiert.

5

Schau nach innen, beobachte deine Gedanken und verfolge sie bis zu ihrem Ursprung zurück mit dem Verständnis ‚Mein Wesen ist Sat- Chit- Ananda' (reines Sein- Bewusstsein- Glückseligkeit).

6

Dies menschliche Leben dient dazu, unsere wahre Natur zu erkennen: unendliche Glückseligkeit. Indem du flüchtigen Freuden hinterherläufst, kannst du schnell die seltene Gelegenheit verpassen, dein ewig glückseliges Selbst zu finden.

7

Ein Moschusochse sucht nach der Quelle des Moschusduftes, doch wie lange er auch sucht, es wird sie nie finden, weil der Duft von ihm selbst kommt. Ebenso finden wir Glückseligkeit nicht im Außen; sie existiert in uns. Erkennen wir dies und haben genug Losgelöstheit entwickelt, wird der Mind aufhören, im Außen nach Vergnügungen zu jagen.

8

Sobald wir die Haltung von ‚ich' und ‚mein' aufgeben, hören unsere Sorgen auf und wir können die unendliche Glückseligkeit genießen. Doch wir müssen das individuelle „Ich" loslassen. Glückseligkeit liegt in jedem von uns, aber wir können es wegen der Vorlieben und Abneigungen unseres Egos nicht erfahren.

9

Kinder, Glückseligkeit ist unsere wahre Natur, nicht Leid. Doch etwas ist geschehen, das alles auf den Kopf gestellt hat. Glückseligkeit, Freude wird als „seltsame" Stimmung betrachtet, während Leid als natürlich gilt. Wahre Glückseligkeit erfahren wir erst, wenn wir zwischen Ewigem und Vergänglichem unterscheiden können.

10

Wir alle suchen vergeblich nach ewiger Glückseligkeit, aber wir werden sie nicht in vergänglichen Objekten finden. Wie kann jemand, der nach Glückseligkeit in den Dingen der Welt sucht, die Glückseligkeit erreichen, die nicht dieser Welt angehört?

11

Das Glück, das wir aus der äußeren Welt erfahren, ist flüchtig; es bleibt nie lange bei uns. Es ist einen Moment da und im nächsten verschwunden. Spirituelle Glückseligkeit ist ganz anders. Nach dem endgültigen spirituellen Durchbruch, bei dem die Begrenzungen von Körper, Mind und Intellekt überschritten werden, ist Glückseligkeit für immer und unendlich. Sobald jemand diesen höchsten Zustand erreicht, gibt es kein Zurück mehr.

12

Ein Mann kroch auf allen Vieren auf dem Boden herum. Sein Nachbar fragte ihn: „Was suchst du denn?" „Meinen Schlüssel", antwortete er verzweifelt. Daraufhin suchten beide Männer auf den Knien, bis der Nachbar nach einer Weile fragte: „Wo hast du ihn denn verloren?" Der Mann erwiderte: „Zuhause." „Großer Gott", erwiderte der Nachbar, „warum suchst du ihn dann hier?" „Weil es hier heller ist."

Ebenso liegt das Glück in dir, aber du suchst es draußen.

13

Wenn du versuchst, dem Glück nachzujagen, wirst du es verpassen, weil die Suche nach Glück Unzufriedenheit verursacht. Suchen schafft zwangsläufig innere Unruhe. Ein unruhiger Mind ist nicht glücklich. Deine Suche nach Glück ist immer in der Zukunft, nie in der Gegenwart. Die Zukunft liegt außerhalb, die Gegenwart liegt in dir und dort erwartet dich die Glückseligkeit.

14

Durch das zwanghafte Bemühen Glück zu erlangen, erschaffst du die Hölle in deinem Mind. Was ist schließlich der Mind? Er ist eine Ansammlung deines Unglücks, Negativität und Unzufriedenheit; der Mind ist das Ego und das Ego kann nicht glücklich sein. Wie kannst du mit einem solchen Mind Glück suchen? Mehr Suchen bringt nur mehr Unglück. Das Glück erscheint erst, wenn der Mind und alle selbstsüchtigen Gedanken verschwinden.

15

Glück kommt aus dem Inneren. Ein Hund kaut auf einem Knochen, verletzt sich dabei sein Zahnfleisch und denkt sich irrtümlich, dass die Energie, die er vom Blut seines eigenen verletzten Zahnfleisches bekommt, vom Knochen kommt. Genauso täuschen auch wir uns, wenn wir glauben Glückseligkeit aus äußerlichen Dingen zu erhalten.

16

Die ganze Zeit über dachten wir, dass der Körper und der Mind real sind, daraus ist viel Leid entstanden. Lasst uns nun anders denken: Atman ist real und ewig und das ist es, was wir zu erkennen suchen. Wenn dieser Gedanke fest in unserem Bewusstsein verankert ist, verschwinden unsere Sorgen und wir erleben nur Glückseligkeit.

17

Um echten Frieden und wahres Glück zu erlangen, muss man über den Mind und seine Wünsche hinausgehen. Egal wie sehr du es versuchst, es ist nicht möglich, die Glückseligkeit des Selbst zu kosten und gleichzeitig weltliches Glück zu suchen. Tust du Payasam (süßen Reispudding) in das Gefäß, das zum Aufbewahren von Tamarinde verwendet wird, wirst du den wahren Geschmack vom Payasam nicht kosten.

18

Wahres Glück kommt von der Auflösung des Minds, nicht von äußeren Objekten. Durch Meditation können wir alles erreichen, einschließlich Glückseligkeit, Gesundheit, Stärke, Frieden, Intelligenz und Vitalität.

19

Ohne den Mind gibt es keine Welt. Solange du einen Mind hast, gibt es Namen und Formen. Sobald der Mind verschwindet, gibt es nichts mehr. In diesem Zustand kennst du weder Schlaf noch Wachsein. Du bist dir keiner objektiven Existenz bewusst. Es gibt nur vollkommene Stille, Glückseligkeit und Frieden.

20

Wenn du Staub in den Augen hast und nur heftig reibst, anstatt ihn zu entfernen, werden deine Augen immer gereizter. Entferne den Staub und es geht dir wieder gut. Der Mind entspricht dem Staub im Auge, er ist ein Fremdkörper. Lerne den Mind zu überwinden, nur dann kannst du Vollkommenheit und Glückseligkeit erreichen.

21

Unser Problem ist, dass wir uns mit allen Stimmungen des Minds identifizieren. Wenn wir uns ärgern, werden wir zu Ärger und das gleiche geschieht mit Angst, Aufregung, Leid und Glück. Wir werden Eins mit der jeweiligen Emotion, sei sie positiv oder negativ. Wir identifizieren uns mit der Maske, aber in Wirklichkeit bist du keine dieser Stimmungen. Deine wahre Natur ist Glückseligkeit.

22

Es liegt an uns, zwischen vorübergehendem Glück, das in endlosem Leid und Unglück endet oder vorübergehendem Schmerz, der in ewigem Frieden mündet, zu wählen.

23

Kinder, Leid entsteht, wenn Wünsche und Verlangen vorhanden sind. Schon vor der Schöpfung sagte Gott: „Ihr werdet immer glückselig sein, wenn ihr diesen Weg geht. Leid wird das Ergebnis sein, wenn ihr den anderen Weg wählt." Kinder, ihr habt diese Worte missachtet, seid in den Graben gefallen und behauptet nun hineingestoßen worden zu sein. Gott klärte uns über beide Wege auf. Es liegt an uns zu entscheiden.

24

Zwischen spiritueller Glückseligkeit und materiellem Glück besteht ein Unterschied wie zwischen dem Wasser im Fluss und dem Wasser in einer Pfütze. Du kannst zweifellos deinen Durst durch das Trinken von Pfützenwasser stillen, aber danach wirst du krank. Wenn du Flusswasser trinkst, wird dein Durst gestillt und du wirst nicht krank.

25

Wären unsere Wünsche das Tor zum wirklichen Glück, dann hätten wir die Glückseligkeit der Befreiung schon lange erreicht. Das weltliche Leben hängt vollständig von den Sinnesorganen ab, aber all unsere Energie wird durch sinnliche Genüsse verschwendet. Alle Freuden der Welt, ganz gleich welche, enden in Leid.

26

Angenommen, du isst nur scharfe Paprika, wenn du hungrig bist, weil du Paprika magst. Dein Mund und Magen werden brennen. Du wolltest deinen Hunger stillen, aber jetzt musst du den Schmerz ertragen. Genauso ist es, wenn dein Glück von physischen Dingen abhängt. Das Leid ist vorprogrammiert.

27

Glückseligkeit wird nicht von äußeren Objekten erlangt. Sie wird erlebt, wenn die Sinnesorgane sich durch Konzentration des Minds auflösen. Deshalb, wenn du Glückseligkeit möchtest, versuche Konzentration zu erlangen.

28

Wenn Glück aus Konzentration entsteht, lässt sich daraus schließen, dass es von keinem bestimmten Objekt abhängt. Kurzzeitiges Glück entsteht durch Konzentration auf vergängliche Dinge. Stellt dir vor, welche unermessliche Glückseligkeit sich auftut, wenn du dich auf Gott konzentrierst– die ewige Quelle aller Herrlichkeit!

29

Kinder, erlebt die Glückseligkeit, die aus völliger Konzentration auf Gott entspringt. Wenn du all deine Handlungen durchführst und dabei deinen Mind Gott überlässt, wird die Glückseligkeit für immer dein sein. Dann werden sogar Momente, die normalerweise schmerzhaft sind, in Momente der Freude gewandelt.

30

Sobald du Gott erkennst, bist du für immer in der höchsten Glückseligkeit verankert, denn Gottes Natur ist reine Glückseligkeit. Gott ist weder Glück noch Unglück. Glück ist begrenzt, Glückseligkeit hingegen grenzenlos. Glück und Unglück gehören zu der irdischen Welt. Gott ist die Glückseligkeit jenseits aller Dualität.

31

Wenn du ewige, immerwährende Glückseligkeit möchtest, steht dir der Weg zu Gott offen, allerdings musst du dafür viel Mühe aufbringen. Wenn du nur daran interessiert bist, momentanes Glück zu erreichen, dann steht dir der Weg zur Welt offen. Es erfordert nur wenig Mühe, die weltlichen Freuden zu genießen – viel weniger als nötig ist, um die göttliche Glückseligkeit zu erreichen.

32

Materielle Vergnügungen bereiten meist eine gewisse Freude, nicht wahr? Doch ohne diese zu kontrollieren, bleibt die Ebene der spirituelleren Glückseligkeit unerreichbar. Kontrollierst du die Wünsche jetzt nicht, werden sie dich später kontrollieren.

33

Sobald der Herr in deinem Inneren verankert ist, gibt es nur noch Glückseligkeit nicht nur im Innen, sondern auch im Außen. Echte Glückseligkeit kommt zu dir, nicht nur die bloße Reflexion des Glücks, das wir von äußeren Objekten ableiten. Aber um diese Glückseligkeit zu erreichen, musst du das sogenannte „Glück" aufgeben.

34

Trenn dich von etwas mit leichtem Herzen. Vergiss, dass es dir jemals gehört hat.

Es ist auch falsch zu denken, dass du etwas verloren hast. Entspanne dich einfach, fühl dich erleichtert in dem Bewusstsein frei zu sein, befreit von dieser Last. Das Objekt war eine Last und jetzt ist es weg. Nur wenn du die Last der Anhaftung spüren kannst, kannst du die Entspannung oder Glückseligkeit spüren, die mit Loslösung und Entsagung einhergeht.

35

Nur derjenige ist wirklich reich, der selbst angesichts von Leid und Not immer lächeln kann. Weder grämt er sich über Leid noch bedarf er des Glücks, um Freude zu erleben. Von Natur aus ist er glückselig. Er braucht nicht die Unterstützung günstiger Objekte oder äußerer Ereignisse, um glücklich zu sein. Ein äußerlich reicher Mann kann unglücklich sein, wenn er den unbezahlbaren Reichtum von Frieden und innerer Zufriedenheit verliert.

36

Reichtum verschafft uns keine ewige Glückseligkeit, sondern nur vorübergehendes Glück oder Freude. Dann könntet ihr fragen: ‚Wie leben wir ohne Reichtum? Müssen wir den Reichtum, den wir haben, aufgeben?' Amma sagt nicht, dass ihr irgendetwas aufgeben müsst. Glückseligkeit und Frieden werden euer Reichtum, wenn ihr den richtigen Platz für all das, was ihr habt, versteht.

37

Die Welt ist nicht das Problem. Das Problem liegt im Mind. Also sei wachsam und du wirst die Dinge klarsehen. Wachsamkeit verleiht scharfe Augen und einen durchdringenden Mind, sodass du nicht getäuscht werden kannst. Wachsamkeit wird dich langsam näher zu deinem wahren Sein führen, der Glückseligkeit des Selbst.

38

Zufriedenheit im eigenen Selbst, durch das Selbst und für das Selbst zu finden, ist das, was als Eins-Sein bekannt ist. Alle spirituellen Praktiken werden durchgeführt, um dieses Eins-Seins oder einen Mind, zu erfahren, der auf das Eine konzentriert ist. In Wirklichkeit müssen wir uns auf nichts Äußeres für unser Glück verlassen. Vielmehr sollten wir unabhängig werden – nur auf unser eigenes Selbst vertrauen, die Quelle aller Glückseligkeit.

39

Kinder, selbst um sich an weltlichen Vergnügen wirklich zu erfreuen, brauchen wir einen ruhigen Mind. Deshalb solltet ihr euren Mind klimatisieren. Eine Person mit einem klimatisierten Mind wird in allen Zeiten und an allen Orten nur Glückseligkeit erfahren. Das ist es, wonach ihr streben müsst. Es ist nicht Reichtum oder irgendein anderes Ding, das Glückseligkeit gibt. Der wahre Geber von Glückseligkeit ist der Mind.

40

Versteht diese große Wahrheit: Das Glück, das von weltlichem Vergnügen erfahren wird, ist lediglich eine winzige Reflexion der unendlichen Glückseligkeit, die aus deinem eigenen Selbst kommt.

41

Bevor man Samen sät, muss man das Land vorbereiten, es von Gras und Unkraut befreien. Andernfalls ist es schwierig für die Samen zu keimen. In ähnlicher Weise können wir die Glückseligkeit des Selbst nur genießen, wenn wir den Mind von allen äußeren Dingen befreien und ihn auf Gott ausrichten.

42

Amma wünscht, dass die Menschen sich intensiv darum bemühen, spirituelle Glückseligkeit zu erlangen und möchte nicht, dass sie unter dem Vorwand der Spiritualität ihre Zeit vertrödeln. Obwohl Menschen aus ganz unterschiedlichen Gründen zu Amma kommen, wird sie jeden irgendwie dazu bringen, sich an Gott zu erinnern.

43

Gegenwärtig steht Gott an letzter Stelle auf unserer Liste, doch er sollte der erste sein. Setzen wir Gott an erste Stelle, werden alle anderen Dinge ihren richtigen Platz von selbst einnehmen. Sobald wir Gott in unserem Leben haben, wird die Welt folgen; aber wenn wir die Welt umarmen, kann Gott uns nicht umarmen. Gott in uns zu haben, ist am Anfang ein Kraftakt, aber wenn wir beharrlich sind, wird er uns zu ewiger Glückseligkeit und Zufriedenheit führen.

44

Wahrer Gewinn kommt nur vom Selbst. Nur die Erforschung des Selbst ist von ewigem Wert und bringt Frieden. Wir sollten ‚das' als wahre Glückseligkeit erkennen. Macht es glücklich, sich über weltliche Dinge zu sorgen, solltest du vorwärtsgehen und alles als von Gott bestimmt betrachten. Dann erlebst du Frieden.

45

Es macht keinen Sinn, das Schicksal für alles, was dir im Leben widerfährt, verantwortlich zu machen. Alles sind die Früchte deiner eigenen Handlungen. Bewahre inneren Frieden und handele in der Gegenwart so, dass die Zukunft glücklich und gesegnet ist. Lass dein Tun richtig und aufrichtig sein, und wenn dann etwas schiefgeht, kannst du es als dein Karma, dein Schicksal oder den Willen Gottes betrachten.

46

‚Oh Mind, warum sehnst du dich nach diesen unnötigen Dingen? Glaubst du wirklich, dass sie dir Glück und Zufriedenheit bringen? Dem ist nicht so. Sieh ein, dass sie nur deine Energie rauben und dir nichts als Unruhe und endlosen Stress bescheren. Oh Mind, hör auf umherzuwandern, kehre zurück zu deiner glückseligen Kraft und finde Frieden.'

47

Genauso wie jede andere Entscheidung ist auch Glück eine Entscheidung. Wir sollten den festen Entschluss treffen: „Egal was auf mich zukommt, ich werde glücklich sein. Ich bin mutig und nicht allein. Gott ist mit mir."

48

Auf der Welt gibt es unzählige Techniken, die uns Glück verkaufen wollen. Sie werben mit Slogans wie „erreiche deine Herzenswünsche in zehn einfachen Schritten" oder ähnlichem, um dich zu verführen, ihre Methode zu kaufen. Aber wie schade! Niemand findet den wahren Weg außer dem spirituell Suchenden. Nirgendwo auf der Welt kann man lernen, wie man das Ego, die Anhaftungen, Wut, Angst und all das, was einen davon abhält, reine Liebe, vollkommenen Frieden und höchste Glückseligkeit zu erreichen und zu leben, überwinden kann.

49

Das Glück meiner Kinder ist Ammas Nahrung. Ihr Glück ist es, wenn ihr die Glückseligkeit in euch selbst findet, wird aber unglücklich, wenn sie sieht, dass ihr von äußerlichen Dingen abhängt, was euch zukünftiges Leid einbringen wird.

50

Amma möchte euch zur höchsten Erfahrungsebene führen, damit euch bewusst wird, wer ihr wirklich seid. Tapas bzw. Entsagung dient diesem Zweck. Da spirituelle Glückseligkeit bei weitem die größte Freude von allen ist, ist auch intensives Tapas erforderlich bzw. der Preis, den man dafür zahlen muss, ist der Höchste. Ihr müsst euer ganzes Leben diesem Ziel widmen.

51

Betet unter Tränen zu Gott: ‚Oh Herr, lass mich dich sehen! Du bist mein Leben. Du bist der Ewige. Mind, warum sehnst du dich nach all diesen albernen und bedeutungslosen Dingen? Sie können dir nicht das Glück geben, nach dem du dich sehnst. Dies sind nicht die Dinge, die ich dich suchen ließ.' Die Veränderungen werden sich langsam durch unsere Gebete zu Gott und durch das Hinterfragen unseres Mindes einstellen.

52

Menschen haben das Bedürfnis, sich an allem Möglichen festzuhalten, sogar am ganzen Universum. Sie wollen nichts verlieren. Reine Liebe bedeutet ein enormes Maß an Selbstaufopferung, was in bestimmten Phasen viel Schmerz verursachen kann. Doch reine Liebe gipfelt jedoch in immerwährender Glückseligkeit.

53

Um reine Liebe und höchste Glückseligkeit zu erlangen, muss man sich einem Reinigungsprozess unterziehen. Reinigung bedeutet, den Mind zu erhitzen, um alle Unreinheiten zu entfernen und dieser Prozess ist unweigerlich mit Schmerz verbunden.

54

Während das momentane Glück, das man von der Welt erhält, einen letztlich in endloses Leid stürzt, erhebt uns spiritueller Schmerz hingegen in das friedliche Reich immerwährender Glückseligkeit.

55

Innerer Frieden folgt stets auf Schmerz. Um den Zustand der höchsten Freude zu erreichen, musst du zuerst Schmerz erfahren. Schmerz am Anfang und anhaltendes Glück am Ende ist weitaus besser als Glück am Anfang und langanhaltender Schmerz am Ende. Schmerz ist ein unvermeidlicher Teil des Lebens. Ohne auf irgendeine Weise gelitten zu haben, kannst du wahren Frieden und Glück nicht wirklich erleben oder schätzen.

56

Wenn der Meister mit seiner Operation beginnt, wird er dich nicht mehr gehen lassen, denn kein Arzt lässt seinen Patienten vor Abschluss der Operation weglaufen. Die Operation, die der Satguru durchführt, ist nicht sehr schmerzhaft im Vergleich zum schlimmen Zustand deiner Krankheit und in Relation zur höchsten Glückseligkeit und den anderen Vorteilen, die du gewinnen wirst. Da ein wahrer Meister mit Gott eins ist, hilft das Eintauchen in seine überströmende Liebe und Mitgefühl enorm den Schmerz zu lindern.

57

Der Meister erzeugt keine Schmerzen, sondern er beseitigt sie. Es geht nicht darum, dir vorübergehende Linderung zu geben, sondern um endgültige Befreiung. Aber aus irgendeinem Grund wollen viele Menschen ihren Schmerz behalten. Obwohl höchste Glückseligkeit unsere wahre Natur ist, scheint es, dass die Menschen in ihrem jetzigen mentalen Zustand ihre Schmerzen genießen, als ob sie ein natürlicher Teil von ihnen seien.

58

Schmerzen zu Beginn sind der Preis, den man für das spätere Glück im Leben zahlen muss. Je größer das Glück, das man sucht, desto größer ist oft der Schmerz oder das Opfer, das man dafür bringen muss. Doch das spirituelle Glück ist das höchste und dauerhafteste, daher ist es sehr kostbar. Um es zu erreichen, muss man niedrigere, weniger erfüllende Dinge aufgeben.

59

Selbst wenn uns alle Menschen auf der Welt lieben würden, wäre die Glückseligkeit, die wir aus Gottes Liebe erfahren, unendlich viel größer.

60

So wie eine Blüte verwelkt, wenn die Frucht sich bildet, verschwinden die irdischen Wünsche mit dem Heranreifen von Losgelöstheit. Solch ein Mensch ist von keinen Wünschen mehr gebunden, egal ob er zu Hause oder im Wald lebt. Wer die Verwirklichung Gottes als Ziel hat, misst allem anderen keine Bedeutung mehr bei. Er weiß, dass nichts Materielles von Dauer ist und wahre Glückseligkeit nur im Innern zu finden ist.

61

Unkluge Anhaftungen an die Welt, die aus falschen Vorstellungen entstehen, führen dazu, dass wir unbewusst leben, obwohl wir uns bewegen und atmen. Wenn wir diese Anhaftungen loslassen, kann alles im Leben, selbst der Tod, zu einer glückseligen Erfahrung werden.

62

Vairagya, Entsagung – bedeutet, dass wir weltliche Dinge aufgeben, weil wir erkennen: „Alle Freude, die ich von äußeren Dingen erhalte, ist vergänglich und bringt mir später nur Leid. Die Freude, die ich durch weltliche Objekte erlebe, ist nicht von Dauer und daher nicht real." Um echte Glückseligkeit zu erfahren, reicht es jedoch nicht, nur die illusorischen Dinge der Welt aufzugeben; wir müssen auch die höchste Wahrheit erlangen. Der Weg zur ewigen Glückseligkeit ist die Liebe.

63

Glaubst du, dass Glückseligkeit durch Entsagung entsteht? Nein, wahre Glückseligkeit entsteht aus höchster Liebe. Um das Selbst oder Gott zu erkennen, braucht man Liebe. Nur durch Liebe erfährt man völlige Loslösung und Glückseligkeit.

64

Wer nichts anderes als die Verwirklichung Gottes möchte, kümmert sich weder um die Vergangenheit noch um die Zukunft, sondern möchte ganz im gegenwärtigen Augenblick sein, denn nur im gegenwärtigen Moment ist Gott und sind vollkommener Frieden und Glückseligkeit. Indem man im Moment lebt, erreicht man vollkommene Stille und innere Ruhe.

65

Gehe deiner Arbeit und deinen Verpflichtungen mit ganzem Herzen und in selbstloser Liebe nach. Gib dich vollständig dem hin, was du gerade tust. Dann wirst du Schönheit und Liebe in allem, was du tust, spüren und erleben. Liebe und Schönheit sind in dir. Versuche, sie durch deine Handlungen auszudrücken und du wirst die Quelle der Glückseligkeit berühren.

66

Nehmen wir Zuflucht in Gott, wird unser Herz gereinigt und mit einem reinen Herzen können wir die immerwährende Glückseligkeit erfahren. Sich Gott hinzugeben, bringt Frieden. Doch oft neigen wir dazu, Gott so zu verehren, als ob er etwas bräuchte!

67

Spirituelles Leben ist mit weltlichem Familienleben vereinbar. Wenn du deinen Mind ständig auf Gott konzentrierst, kannst du die Glückseligkeit des Selbst genießen. Eine Vogelmutter denkt stets an ihre Jungen im Nest, selbst wenn sie auf Futtersuche ist. Ähnlich ist es, wenn du deinen Mind auf Gott richtest, während du mit all deinen weltlichen Handlungen beschäftigt bist, kannst du leicht Glückseligkeit erlangen.

68

Wenn du einem Freund einen Blumenstrauß schenkst, bist du derjenige, der die Freude des Gebens erfährt. Du genießt als Erster die Schönheit und den Duft der Blumen. Ebenso, wenn wir uns dem Wohl anderer widmen, wird unser Mind rein. Wahres Glück kommt aus selbstlosen Handlungen.

69

Um sich an Gott zu erinnern, musst du vollständig im gegenwärtigen Moment sein, die Vergangenheit und die Zukunft vergessen. Diese Art des Vergessens hilft dir, den Mind zu beruhigen und die Glückseligkeit der Meditation zu erleben. Echte Meditation beendet alles Leid. Die Vergangenheit existiert nur im Mind und alles Leiden wird durch den Mind verursacht. Wenn du die Vergangenheit und den Mind loslässt, findest du dich in der reinen Glückseligkeit des Selbst oder Gottes wieder.

70

Kinder, Meditation lehrt, in Glückseligkeit zu sterben. So wie wir Geburtstage feiern, lasst uns Tod und Sterben als großartiges und glückseliges Fest erleben. Durch Meditation kannst du lernen, alles Festhalten und Anhaften im Leben loszulassen. Dein ganzes Leben sollte eine Vorbereitung darauf sein, glücklich zu sterben – denn nur wenn du bereit bist, den Tod glücklich zu akzeptieren, kannst du das Leben wirklich in Freude leben.

71

Du bist nicht wie ein kleiner Teich, in dem das Wasser stagniert und mit der Zeit immer schmutziger wird; du bist wie ein Fluss, der zum Nutzen der Welt fließt. Du bist nicht dazu bestimmt zu leiden; du bist dazu bestimmt, Glückseligkeit zu erfahren! Indem du dich in einen Fluss verwandelst, wird das Wasser aus dem Teich gereinigt; wenn du als Teich bleibst, wird es nur schmutziger. Der Teich symbolisiert die selbstbezogene Haltung von ‚ich‘ und ‚mein‘. Der Fluss ist Gott. Kinder, indem wir Zuflucht bei Gott suchen, erfahren wir

Freude und inneren Frieden, der dann von uns ausstrahlt und der Welt zugutekommt.

72

Betrachtet die kleinen Vögel, die am Teich leben. Sie wissen nicht, dass sie Flügel haben, dadurch wollen sie nicht in die Höhe fliegen und den Nektar der blühenden Bäume rings um den Teich genießen. Sie leben einfach von dem schmutzigen Teich. Würden sie jedoch in die Lüfte aufsteigen und den Nektar kosten, würden sie nicht zum Schmutz unten am Teich zurückkehren. Auf ähnliche Weise verbringen viele Menschen ihr Leben, ohne sich ihres wahren Wesens bewusst zu sein und die Glückseligkeit erfahren, die man durch die Liebe zu Gott erhält.

73

Über Spiritualität kannst du umfangreiche Bücher schreiben, wundervolle Gedichte verfassen, herrliche Lieder singen oder stundenlang in schöner und blumiger Sprache Vorträge halten. Aber dennoch wird dir Spiritualität unbekannt bleiben, es sei denn, du erlebst ihre Schönheit und Glückseligkeit von innen heraus.

74

Yoga kann nicht in Worte gefasst werden. Es ist die erlebte Verbindung des individuellen Selbst (Jivatman) mit dem Höchsten Selbst (Paramatman). So wie man die Süße nach dem Essen von Honig nicht erklären kann, lässt sich die Glückseligkeit des Eins-Seins nicht in Worte fassen.

75

Wenn du selbst zu Zucker wirst, gibt es nichts anderes als Süße. In ähnlicher Weise gibt es im Zustand des höchsten Bewusstseins nur Glückseligkeit.

76

Der Pfad der Hingabe (Bhakti) beschert uns von Anfang an großen Nutzen. Von Anfang an erfährt man Glückseligkeit und wird dadurch ermutigt, die spirituelle Praxis (Sadhana) auszuüben. Auf anderen Pfaden, beispielsweise dem der Atemkontrolle (Pranayama), wird Glückseligkeit erst am Ende erreicht. So wie man Früchte schon am Fuß eines Jackfruchtbaums finden kann, ist Bhakti der Pfad, der von Anfang an Früchte trägt.

77

Die Süße und Glückseligkeit, die aus bedingungsloser Hingabe entsteht, ist etwas Einzigartiges. Obwohl Advaita (der Zustand der Nicht-Zweiheit) die ultimative Wahrheit ist, fühlt Amma manchmal, dass dies alles bedeutungslos ist und möchte lieber ein unschuldiges Kind vor Gott bleiben.

78

Kinder, das süße und glückselige Gefühl beim Gesang zu Ehre Gottes ist unbeschreiblich und eine unvergleichliche, unaussprechliche, einmalige Erfahrung. Ohne Frage bereitet das Singen des göttlichen Namens vollkommene Erfüllung. Deshalb kommen selbst diejenigen, die den höchsten Seins-Zustand erreicht haben hinunter, um die Herrlichkeit Gottes als ein Devotee zu besingen.

79

Kinder, betet unter Tränen zum Göttlichen. Kein anderes Sadhana schenkt dir die Glückseligkeit göttlicher Liebe so innig wie aufrichtige Gebete zu Gott. Rufe aus tiefstem Herzen nach Gott, wie ein kleines Kind, das vor Hunger oder nach einer Umarmung seiner Mutter weint. Rufe mit derselben Intensität und Unschuld nach der Göttlichen Mutter. Bete unter Tränen zu ihr und sie wird sich offenbaren. Sie kann nicht still und ungerührt bleiben, wenn jemand auf diese Weise nach ihr ruft.

80

Der Schmerz aus Sehnsucht nach Gott ist kein echtes Leid, sondern Glückseligkeit. Wenn wir weinend nach Gott rufen, erleben wir den gleichen glückseligen Zustand wie ein Yogi in Samadhi. Nach Gott zu weinen, ist keine geistige Schwäche, sondern hilft uns höchste Glückseligkeit zu erlangen.

81

Für Gott zu weinen, ist weit besser als für triviale und vergängliche, weltliche Freuden. Das Glück, das wir aus den Dingen der Welt erhalten, hält nur wenige Sekunden an, während die Glückseligkeit, die wir aus dem Gedenken an Gott erfahren, ewig währt.

82

Ein wahrer Devotee hört auf, das Ego zu nähren und auf den Verstand zu hören. Er hört nur auf das Herz. Das Sterben des Egos ist der wahre Tod – es macht dich unsterblich. Der Tod des Egos führt zur Unsterblichkeit. Wenn das Ego stirbt, lebst du ewig in Glückseligkeit.

83

Meditation ist das Elixier, das dich egolos macht und dich in den Zustand „Ohne-Mind" führt. Sobald du den Mind überwindest, kannst du nicht mehr leiden. Meditation hilft dir, alles als ein freudvolles Spiel zu sehen, sodass alle Erfahrungen, selbst der Moment des Todes, glückselig werden kann.

84

Geburt und Tod sind die beiden intensivsten Erfahrungen des Lebens. Während beider dieser großen Erfahrungen tritt das Ego weit in den Hintergrund, so dass es machtlos ist. Sobald du erkennst, dass Geburt und Tod weder der Anfang noch das Ende sind, wird das Leben unendlich schön und glückselig.

85

Furcht und Schmerz angesichts des Todes entstehen durch den Gedanken, dass der Tod alles zerstört, an dem du hängst. Diese Anhaftung verursacht den Schmerz. Wenn du alle Anhaftungen loslassen kannst, verwandelt sich der Todesschmerz in eine glückselige Erfahrung.

86

Die Wahrheit ist, dass der Tod für uns unnatürlich ist. Der Tod ist nur für den Körper natürlich, nicht für das Selbst, das unsere wahre Natur ist. Trauer ist ebenfalls unnatürlich für das Selbst, während Glückseligkeit unser natürlicher Zustand ist. Doch der Mensch scheint viel eher bereit zu sein, sowohl Tod als auch Leid zu umarmen. Er hat vergessen, wie man lächelt. Nur wenn du in die Glückseligkeit des Atman eintauchst, wirst du wirklich lächeln können.

87

Sobald du die Wahrheit erkennst, ist dir nichts mehr unbekannt oder fremd; das gesamte Universum ist dir vertraut und du lächelst nicht nur gelegentlich, sondern ununterbrochen. Dein Leben wird zu einem einzigen Lächeln. Du lächelst nicht nur in glücklichen Momenten, sondern auch in unglücklichen. Du kannst sogar dem Tod mit einem Lächeln begegnen.

88

Liebe und Freiheit sind keine zwei getrennten Dinge; sie sind eins. Sie sind voneinander abhängig. Ohne Liebe kann es keine Freiheit geben und ohne Freiheit keine Liebe. Ewige Freiheit kannst du nur genießen, wenn du all deine Negativität überwindest. Nur im Zustand reiner Liebe kann die wunderbar duftende Blume der Freiheit und höchsten Glückseligkeit ihre Blütenblätter entfalten und erblühen.

89

Unsere Lebenszeit hier ist sehr begrenzt. Ein Schmetterling, der nur eine Woche lebt, verbreitet in jedem einzelnen Moment Freude! Gelingt es uns selbst auch nur für eine Minute ein anderes Wesen zu erfreuen, segnet das unser Leben.

90

Jivanmukti (Selbstverwirklichung) ist der höchste Zustand der menschlichen Existenz. Ein Zustand, in dem man beständig Glückseligkeit erfährt, während man noch im Körper lebt. Für den, der unaufhörlich den Unterschied zwischen Selbst und Körper wahrnimmt, ist der Körper nicht länger mehr ein Käfig, in dem diese Seele lebt. Wer das Unendliche erkannt und die höchste Wahrheit realisiert hat, leidet nicht, sondern erlebt nur noch Glückseligkeit.

91

Nach der Selbstverwirklichung verschmelzen manche Wesen mit der Ewigkeit und nur sehr wenige kehren nach Erreichen dieses höchsten Zustands zurück. Wer mag schon aus dem Ozean der Glückseligkeit freiwillig hierher zurückkehren? Nur sehr wenige treffen solch ein Sankalpa (göttliche Entscheidung), um wieder herabzusteigen. Dieses Sankalpa ist reines Mitgefühl, höchste Liebe und selbstloser Dienst an der leidenden Menschheit.

92

Mahatmas können Segen solcher Art erteilen, den selbst Gott nicht gewähren kann, da Gott weder Namen noch Gestalt hat, nicht sichtbar ist. Mahatmas verleihen der Existenz Gottes Realität und segnen die Menschen mit einer greifbaren Erfahrung Gottes. In der Gegenwart eines Mahatmas können Menschen Gott sehen, spüren und erleben. Sie vollbringen die größte Entsagung von allen; sie verlassen die höchste Ebene der Glückseligkeit, um inmitten normaler Menschen zu leben wie einer von ihnen und bewahren dennoch innerlich das ewige Eins-Sein.

93

Wir haben denjenigen nichts anzubieten, die bereit sind ihr Leben zum Wohl für die Welt hinzugeben. Nur durch ihre Gnade können wir das einzigartige Geschenk der Erkenntnis Gottes empfangen. Wir können uns vor ihnen demütig verneigen und ihnen unendlich dankbar sein dafür, dass sie zu uns gekommen sind und uns helfen, uns weiterzuentwickeln. Die spirituellen Meister führen uns zur Ebene höchster Glückseligkeit, in der sie selbst für immer und ewig weilen.

94

Ein Mahatma oder Satguru hat alle Vasanas (angeborene negative Tendenzen) überwunden, indem er alle Wünsche und Gedanken kontrolliert. Das verleiht ihm die Kraft, aus dem Herzen heraus zu lächeln und einfach Zeuge von allem zu sein. Da er eine Quelle ewiger Freude und Glückseligkeit ist, hilft der Glaube an den Satguru dir wirklich glücklich und zufrieden zu sein – dein Leben wird zu einer festlichen Feier.

95

Feiern bedeutet, sich selbst zu vergessen. Die Grundlage jedes Festes ist der Glaube, dass das Selbst in mir und das Bewusstsein des Universums ein und dasselbe sind. Wenn Liebe und Mitgefühl unser Herz erfüllen, finden wir in jedem Moment Neues; wir langweilen uns nie. Geben wir uns stets glücklich und voller Begeisterung Gott hin, wird das Leben zu einem glückseligen Fest.

96

Wie ein Wassertropfen, der ins Meer fällt und in seiner Weite aufgeht, taucht ein Devotee in den Ozean der Glückseligkeit ein, wenn er sein Da-Sein Gott weiht. Wenn er in den Ozean der Liebe eintaucht, lebt er in immerwährender Liebe. Vollständig von göttlicher Liebe erfüllt, geht seine individuelle Existenz verloren, da er mit der Gesamtheit der Liebe verschmilzt. Er wird zu einer Gabe der Liebe an Gott. In diesem Zustand reiner Liebe verschwinden alle Ängste, Sorgen, Anhaftungen und alles Leid.

97

Spiritualität ermöglicht es, jedem Hindernis im Leben lächelnd zu begegnen. Ein wahrer Devotee, der alles in die Hände seiner geliebten Gottheit gelegt hat, befindet sich stets in einer angenehmen, seligen Stimmung.

98

Im wahren Devotee existieren keine inneren Konflikte und nichts Trennendes mehr. Es gibt keinen Platz für Hass und Ärger. Er behandelt alle Menschen gleich, ob sie ihn nun hassen oder lieben. Nicht nur die Liebe, sondern ebenso Ärger und Hass werden als Gabe Gottes (Prasad) betrachtet, denn ein echter Devotee erlebt nicht nur das Gute, sondern auch das Schlechte als Prasad.

99

Glückseligkeit und Zufriedenheit entstehen aus Ego-Losigkeit, die aus Hingabe, Liebe und völliger Hingabe an das Höchste entsteht. Zufriedenheit entsteht nur, wenn du alles vollkommen akzeptierst und jede Erfahrung im Leben mit Gleichmut willkommen heißt.

100

Amma sagt manchmal zu ihren Kindern: "Euer Glücklich-Sein ist Ammas Gesundheit. Amma hat keine andere Gesundheit." Kinder, leistet deshalb, ohne Zeit zu verschwenden, selbstlosen Dienst und übt spirituelle Praktiken aus und erreicht wahre Glückseligkeit. Eure Zeit ist kostbar, also bewegt euch vorsichtig und bewusst auf euer Ziel zu: höchste Wahrheit, Bewusstsein und Glückseligkeit.

101

Allumfassende Glückseligkeit erfahren jene, die Gott nahe sind. Sobald du diesen Zustand erreicht hast, gehen Erfahrungen wie Glück und Trauer, Beleidigungen und Lob, Hitze und Kälte, Geburt und Tod einfach durch dich hindurch. Du bleibst jenseits von allem, als der „Erlebende", das eigentliche Fundament aller Erfahrungen und beobachtest alles wie ein spielendes Kind.

102

Freude erfüllt die gesamte Schöpfung. Die Sterne funkeln am Himmel, die Flüsse fließen glückselig, die Zweige der Bäume tanzen im Wind und die Vögel stimmen ihren Gesang an. Du solltest dich fragen: „Warum fühle ich mich dann mitten all dieser freudigen Feier so schlecht?" Frag immer wieder „Warum" und dann du wirst feststellen, dass die Blumen, Sterne, Flüsse, Bäume und Vögel kein Ego haben und ohne Ego kann sie nichts verletzen. Wenn du egolos bist, empfindest du nur Freude.

103

Kinder, wenn Unschuld in unseren Herzen erwacht und wir alles in ihrem Licht wahrnehmen, gibt es nichts als Glückseligkeit.

104

Gewinne die unschuldige, glückselige Welt eines Kindes voller Lachen und Sonnenschein zurück. Jeder sollte das in sich schlummernde Kind erwecken, denn nur Kinder können wachsen, ohne erwachtes Kind ist kein inneres Wachstum möglich. Es ist gut, einige Zeit mit Kindern zu verbringen. Sie lehren uns, zu glauben, zu lieben und zu spielen. Kinder helfen uns, von Herzen zu lächeln und das Staunen in unseren Augen zu bewahren.

105

Wenn deine Augen über Vergangenheit, Gegenwart und Zukunft hinausschauen und die unveränderliche Realität hinter allen wechselnden Erfahrungen sehen, kannst du nur lächeln. Auch deine Augen werden lächeln nicht nur die Lippen. Alle großen Meister haben einzigartig lächelnde Augen. Krishnas Augen lächeln. Betrachtet Kali, wie sie auf Shivas Brust tanzt. Auch wenn sie furchterregend aussieht, liegt ein Lächeln in ihren Augen, das Lächeln glückseliger Allwissenheit. Erfährt man die Glückseligkeit der höchsten Wirklichkeit, strahlen deine Augen reine Freude aus.

106

Als Amma in diese Welt kam, gab es für sie nichts Befremdliches. Alles war ihr so vertraut. Wenn man alles über die Welt weiß, kann man nur lächeln. Was bleibt uns anderes als zu lächeln, wenn wir das gesamte Universum als seliges Spiel des göttlichen Bewusstseins betrachten?

107

Durch die Erkenntnis, dass du nicht dieser Körper bist, sondern das höchste Bewusstsein, wirst du aufwachen und erkennen, dass dieser Traum der Welt und all die damit verbundenen Erfahrungen nur ein glückseliges Spiel sind. Du wirst lachen, wenn du dieses wunderbare Spiel des göttlichen Bewusstseins betrachtest. So wie ein Kind, das die verschiedenen Farben eines Regenbogens betrachtet, lacht und es mit staunenden Augen genießt, wirst auch du vor Freude lachen.

108

Oh göttlicher Geist, siehst du mich hier auf Erden? Mögen mich deine Sternenhände gnädig segnen und mir die Kraft verleihen, mich immer an dich zu erinnern und mir den notwendigen Kummer zufügen, damit ich dich unablässig rufe. Du bist meine einzige Zuflucht und mein einziger Trost. Oh wie schön ist deine göttliche Welt! Hebe mich empor in deine Welt aus Millionen funkelnder Sterne.

www.ingramcontent.com/pod-product-compliance
Lightning Source LLC
Chambersburg PA
CBHW061955070426
42450CB00011BA/3036